BUNTE

Bilderrätsel
für Schlauköpfe

Bassermann

ISBN: 978-3-8094-3998-1

1. Auflage
© 2020 by Bassermann Verlag,
einem Unternehmen der Verlagsgruppe Random House GmbH,
Neumarkter Straße 28, 81673 München
Copyright © Arcturus Holdings Limited

Die englische Originalausgabe erschien unter dem Titel
Brain Boosters Picture Puzzles
Jegliche Verwertung der Texte und Bilder, auch auszugsweise,
ist ohne die Zustimmung des Verlags urheberrechtswidrig und strafbar.

Texte: Kate Overy
Illustrationen: Ed Myer und Graham Rich
Layout: Trudi Webb
Umschlaggestaltung: Atelier Versen, Bad Aibling
Redaktion und Übersetzung: Birte Dittmann
Herstellung: Angelika Tröger
Satz: Franz Eder, Doreen Tzschoppe
Druck und Bindung: aprinta druck GmbH, Wemding
Printed in Germany

Rätsel-Tipps vom Maler-Kater

Hier kommen nützliche Hinweise von Pablo Picatto für einen gelungenen Rätselstart.

Finde zuerst heraus, was du tun musst, um das jeweilige Rätsel zu lösen.

Lies die Einleitung zu jedem Rätsel genau durch. Du kannst darin wichtige Hinweise finden.

Wenn dir ein Rätsel zu knifflig ist, überspring es einfach und mach es später.

Wenn du feststeckst, kannst du hinten im Lösungsteil nachsehen. Du wirst dann Rätsel ähnlicher Art ganz leicht lösen können.

Ebbe und Flut

Welcher Meeresbewohner wurde von der Flut weggeschwemmt und ist deshalb nicht mehr im unteren Bild zu sehen?

Dino-Schatten

Welcher Dino gehört zu welchem Schatten?

Manege frei!

Willkommen in Bernie Bärs spektakulärem Zirkus! Vier der Fantastischen Fliegenden Flöhe werden vermisst. Siehst du sie?

Schuhsuche

Timo hat einen Schuh verloren.
Welcher ist es? Finde es heraus, indem du
die Schuhe zu Paaren ordnest.

Stau in der Stadt

Alle stehen! Nichts geht voran!
Findest du das rote Auto mit dem roten Stern?

Welches der Monster passt nicht zu den anderen?

Welche Hexe ist es?

Hexe Henny möchte in die Klapperknochen-Disko gehen. Sieh dir das Bild links genau an und vergleiche es mit den Bildern unten. Welches davon sieht Henny im Spiegel?

Von Scholle zu Scholle

Führ Paula Pinguin zu Baby Pepe. Zeig ihr den Weg über die Eisschollen und sammel unterwegs die Fische fürs Abendessen ein.

Fleißige Bienchen

Kannst du das Bild von Bennie Biene und seinen Freunden wieder zusammenfügen?

Trage die Bildnummern in die richtigen Kästchen ein, damit das Puzzle stimmt.

12

Kunstgemälde

Pablo Picatto arbeitet an einem neuen Bild. Betrachte eine Minute lang diese Szene. Teste auf der nächsten Seite, was du dir davon merken konntest.

13

Kunstgemälde Merktest

Die Zeit ist um! Teste dein Gedächtnis und beantworte die Fragen:

1. Ist Pablos Hut grün?
2. Malt Pablo sein Bild nachts oder am Tag?
3. Wie viele Mäuse konntest du entdecken?
4. Was hat Pablo zu essen auf dem Tisch?
5. Ist der blaue Farbeimer umgekippt?
6. Was malt Pablo am liebsten?

Mini-Mäuse-Rätsel

Welche Maus ist anders als die anderen?

a
b
c
d

Brain Booster 3000

Hier kommt Brain Booster 3000, das genialste Computerspiel aller Zeiten!

BRAIN BOOSTER 3000

Finde diese drei Ausschnitte auf dem Bildschirm.

Gute Nacht, Tiere!

Auf Bauer Willis Hof wird es Abend.

Entdeckst du drei Tiere, die am falschen Ort schlafen?

Pia und Mia sind Zwillinge.
Sogar ihre Papageien gleichen
einander. Wenn du genau
hinschaust, kannst du sie
auseinanderhalten.

Pia oder Mia?

Findest du zehn Unterschiede
zwischen den Piratinnen?

Lasst die Drachen steigen!

Leon, Sofie, Johanna und Niklas wollen ihre coolen Drachen steigen lassen. Welcher Drache gehört zu welchem Kind?

Völlig losgelöst

Segel setzen

Welches der Segelboote sieht genauso aus wie das im oberen Bild?

Was braut sich da zusammen?

Forscher Felix Findereich ist auf einer gefährlichen Dschungel-Expedition. Bring die Bilder in die richtige Reihenfolge. Was ist in der ersten Nacht passiert?

Rockender Rex

Rex liebt es sehr, mit seiner Band »Die dröhnenden Dinos« auf der Bühne zu rocken. Welcher Schatten gehört zu Rex?

Vögel beobachten

Findest du die Vögel vom Notizblock im Baum wieder? Welcher ist dort nicht zu sehen?

Kostüm-Kiste

Timo und Tina verkleiden sich gern,
aber ihre Kostüme sind durcheinandergeraten.
Welche drei Teile gehören jeweils
zu einem Kostüm?

a

b

c

d

e

f

g

h

i

j

k

l

m

n

o

p

q

r

Hennys Spinne hat eine Menge Babys! Wie viele Spinnen zählst du?

Wie viele Spinnenbeine siehst du auf dem Bild?

25

Alien allein zu Haus

Jeder dieser Aliens hat einen Zwilling — nur einer muss allein zu Hause bleiben. Welcher ist es?

Füll das Sudoku so aus, dass in jeder Reihe, Spalte und im Mini-Gitter jeder Cupcake nur einmal auftaucht.

Cupcake-Sudoku

Max' Spielzeugladen

Benny Bauarbeiterbär

Poppy Piratenpuppe

Max' Spielzeugladen ist der tollste Laden der Welt!

Schau dir das Bild links an. Findest du jedes Spielzeug von der Liste?

Spielzeug-Truck

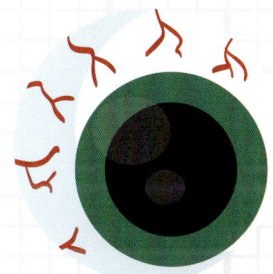

Glasaugenmurmel

Scherzknete

Lustiger Obstkorb

Spritzkrake

Springseil

Gestreifter Sockenhund

Roboter Rex

29

Eine tolle Vorstellung!

Die Akrobaten haben eine umwerfende Nummer einstudiert!
Findest du sechs Unterschiede zwischen den Bildern?

Schnelle Schatten

Findest du zu jedem Fahrzeug
den passenden Schatten?

Auf der Piste

Ein großartiger Tag zum Skilaufen!

Findest du diese Skifahrer im großen Bild wieder?

Auf in den Dschungel!

Hendrik, Mathilda und Rufus brechen zu einer Expedition auf. Jeder hat die gleichen Sachen eingepackt. Du siehst sie links neben dem großen Bild.

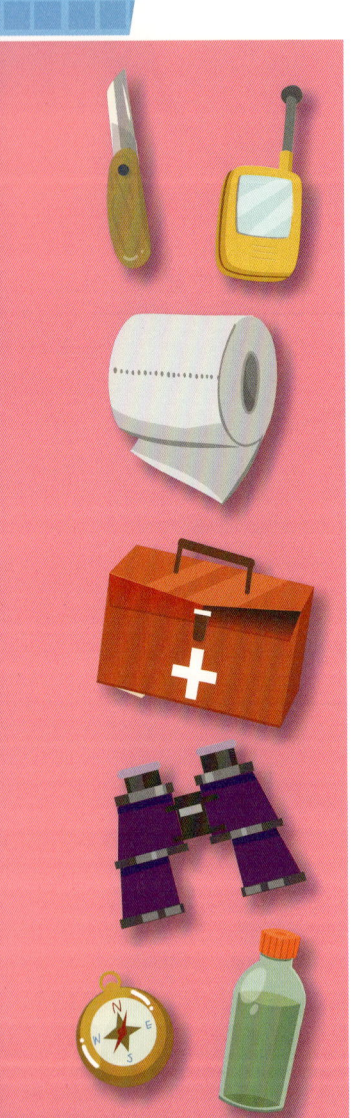

Hat jeder alles dabei oder fehlt etwas?

Karl die Krabbe

Bring Karl nach Hause. Halte auf dem Weg die oben gezeigte Stern-Muschel-Reihenfolge ein. Du kannst dich seitwärts, nach oben und unten, aber nicht diagonal bewegen.

start ➡

Ziel

Roboter-Reparatur

Füge das Roboterbild wieder zusammen.
Was für ein Roboter ist das?

Trage hier die Bildnummern
in der richtigen
Reihenfolge ein.

Im Kino

Die Freunde Leon, Sofie, Johanna und Niklas möchten sich den neuesten Film »Alien-City« im Kino anschauen.

Betrachte eine Minute lang das Bild. Dann blättere auf die nächste Seite.

37

Im Kino Merktest

Die Zeit ist um!
Hast du dir alles gemerkt?
Dann beantworte
die Fragen:

1. Wer von den Freunden isst Popcorn?
2. Welcher der Freunde hat einen Hot Dog?
3. Welcher der Freunde trägt eine Brille?
4. Wie viele Kinder haben eine Alien-Puppe?
5. Ist Niklas' Alien grün?
6. Welches Kind ist eingeschlafen?

Falscher Alien

Welcher Alien passt
nicht zu den anderen?

Timos und Tinas Zimmer ist sehr unaufgeräumt! Findest du die drei Ausschnitte im Bild wieder?

Drunter und drüber

Monster-Trucks

Findest du sechs Unterschiede zwischen diesen coolen Monster-Trucks?

Spaziergang im All

Die Astronauten genießen ihren ersten Weltraum-Spaziergang.
Folge den Linien und verbinde jedes Sicherheitsseil
mit einem Astronauten.

Barnie ☐   Oleg ☐   Susi ☐

Einhorn auf dem Einrad

Welcher Schatten passt genau zu Sternenlicht, dem Einhorn auf dem Einrad?

a

b

c

d

e

f

Volle Fahrt voraus!

Pia, Mia und die Piraten steuern auf die Kupfer-schädel-Bucht zu. Schau dir das Bild an und beantworte die Fragen:

1. Wie viele Piraten sind in der Mannschaft?
2. Wie viele Schatzkisten sind an Bord?
3. Wie viele Schiffsmäuse zählst du?
4. Wie viele Haie kannst du entdecken?
5. Wie viele Fangarme siehst du?

Dinosaurier-Puzzle

Welches der Puzzleteile vervollständigt das Bild?

A

B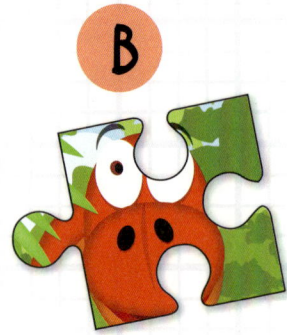

C

D

E

44

Ein unvergesslicher Abend

Pablo Picatto geht auswärts essen. Bring die Bilder in die richtige Reihenfolge. Was ist hier passiert?

Bunte Schlangen

Finde die längste und die kürzeste Schlange.

Tipp: Zähl die Streifen!

Finde die Früchte!

Such die beiden Obst-Ausschnitte im großen Bild.

Qualitäts-kontrolle

Ist jedes Spielzeug in Ordnung? Prüf die Reihen und sortiere jeweils das Stück aus, das nicht zu den anderen passt.

1 a b c d

2 a b c d e f

3 a b c d e

4 a b c d

5 a b c d e

Guten Morgen, Tiere!

Ein neuer Tag auf Bauer Willis Hof!
Welcher der drei Ausschnitte gehört in diese Szene?

A

B

C

49

Pinguin-Paare

Ordne jedem Pinguin den passenden Partner zu. Welcher hat keinen?

50

Schuldisko

Die Freunde tanzen in der Schuldisko.
Ordne jedem von ihnen den passenden Schatten zu.

a

b

c

d

Sofie

Leon

Johanna

Niklas

e

f

g

h

51

Leckeres zum Picknick

Fünf Freunde wollen picknicken. Jeder bekommt die gleichen Speisen. Doch auf einem Teller fehlt etwas. Welcher ist es und was fehlt?

Ordne die Tiere von 1 (das kleinste) bis 4 (das größte).

A

Clownfisch

Blauwal

Kugelfisch

Weißer Hai

B

Löwe

Pinguin

Elefant

Affe

C

Kuh

Hund

Schwein

Huhn

D

Goldfisch

Katze

Hamster

Meerschweinchen

Vor dem Konzert

Rock-Dino Rex muss die Instrumente seiner Band für den nächsten Auftritt holen. Prüf die Reihen: Welches passt nicht zu den anderen?

Summendes Sudoku

Jedes Insekt darf nur einmal in einer Reihe, einer Spalte oder in einem Mini-Gitter vorkommen.

Halloween-Party

Hexe Henny gibt eine Party in ihrem Geisterhaus. Betrachte das Bild, dann schau auf die nächste Seite.

Findest du diese Motive auf Seite 56 wieder?

Zug um Zug

Halte auf dem Weg ins Ziel die oben gezeigte Symbol-Reihenfolge ein. Du kannst dich seitwärts, nach oben und unten, aber nicht diagonal bewegen.

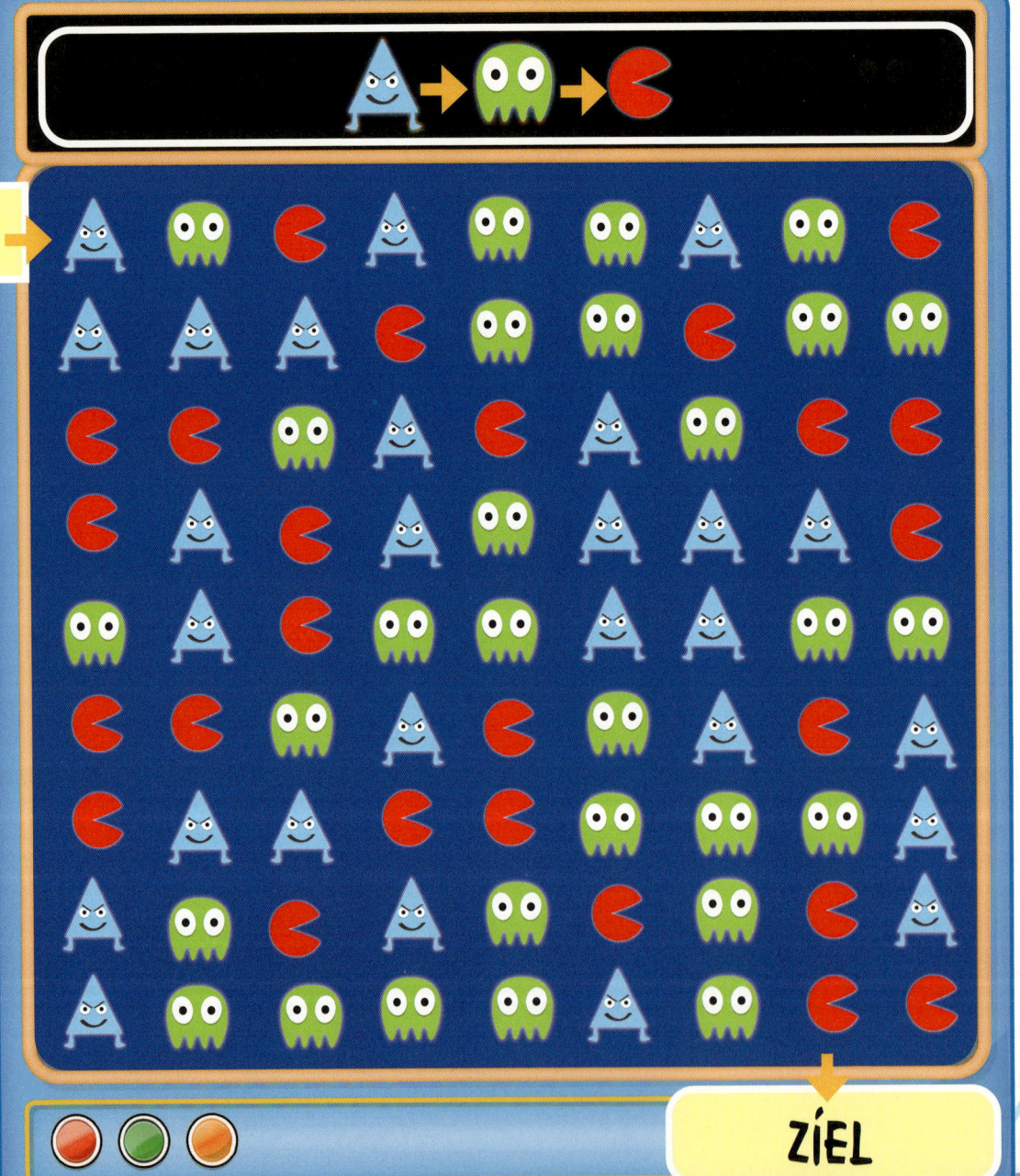

START

ZIEL

Alien-Schatten

Ordne jedem Alien den passenden Schatten zu.

Wörterdetektiv

Folge den gelben Linien von den Spinnen zu den Fliegen. So findest du die Namen der Insekten heraus.

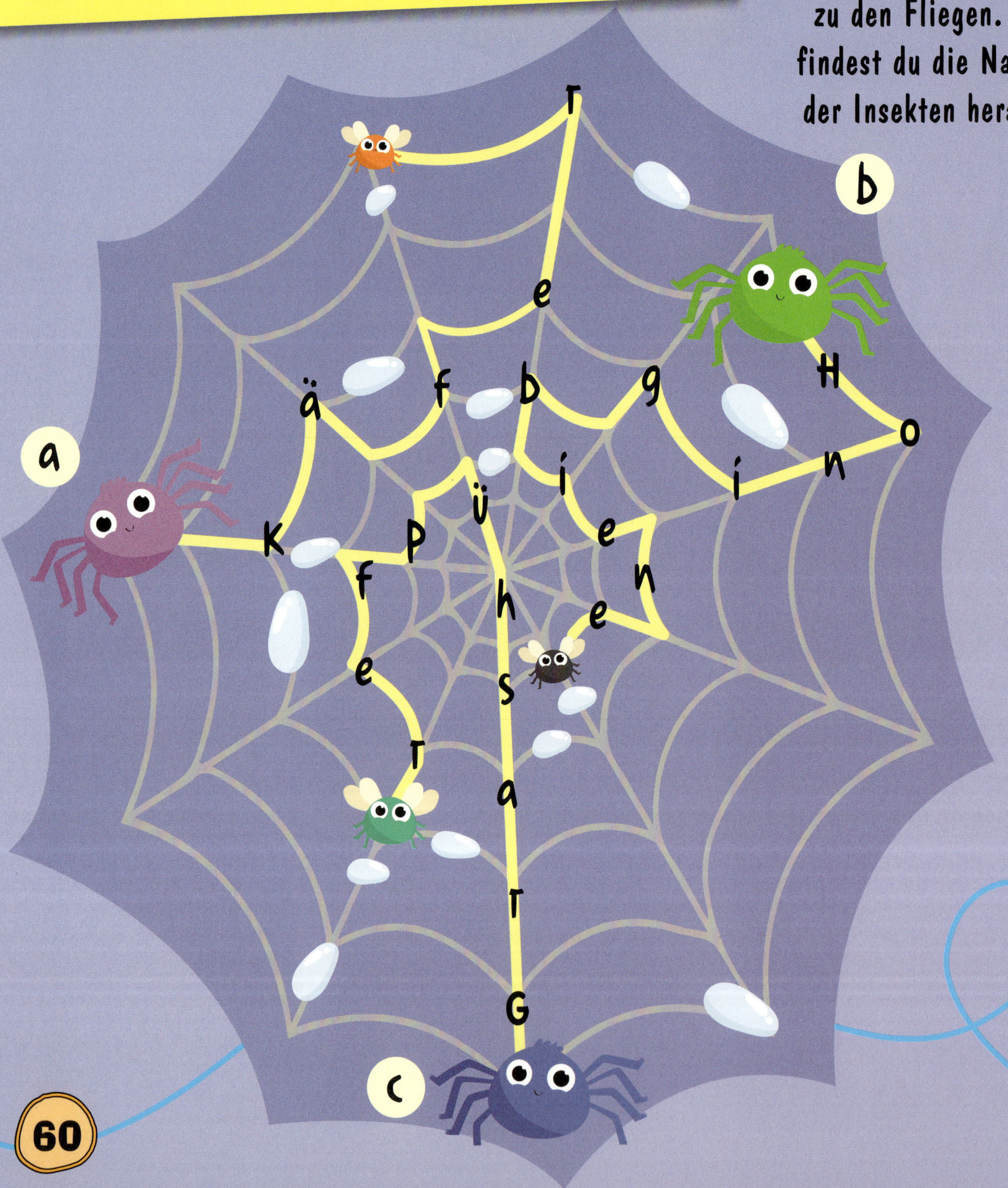

b

a

c

60

Führ die Biene Bibi durch das Wabenlabyrinth zu ihrer Freundin.

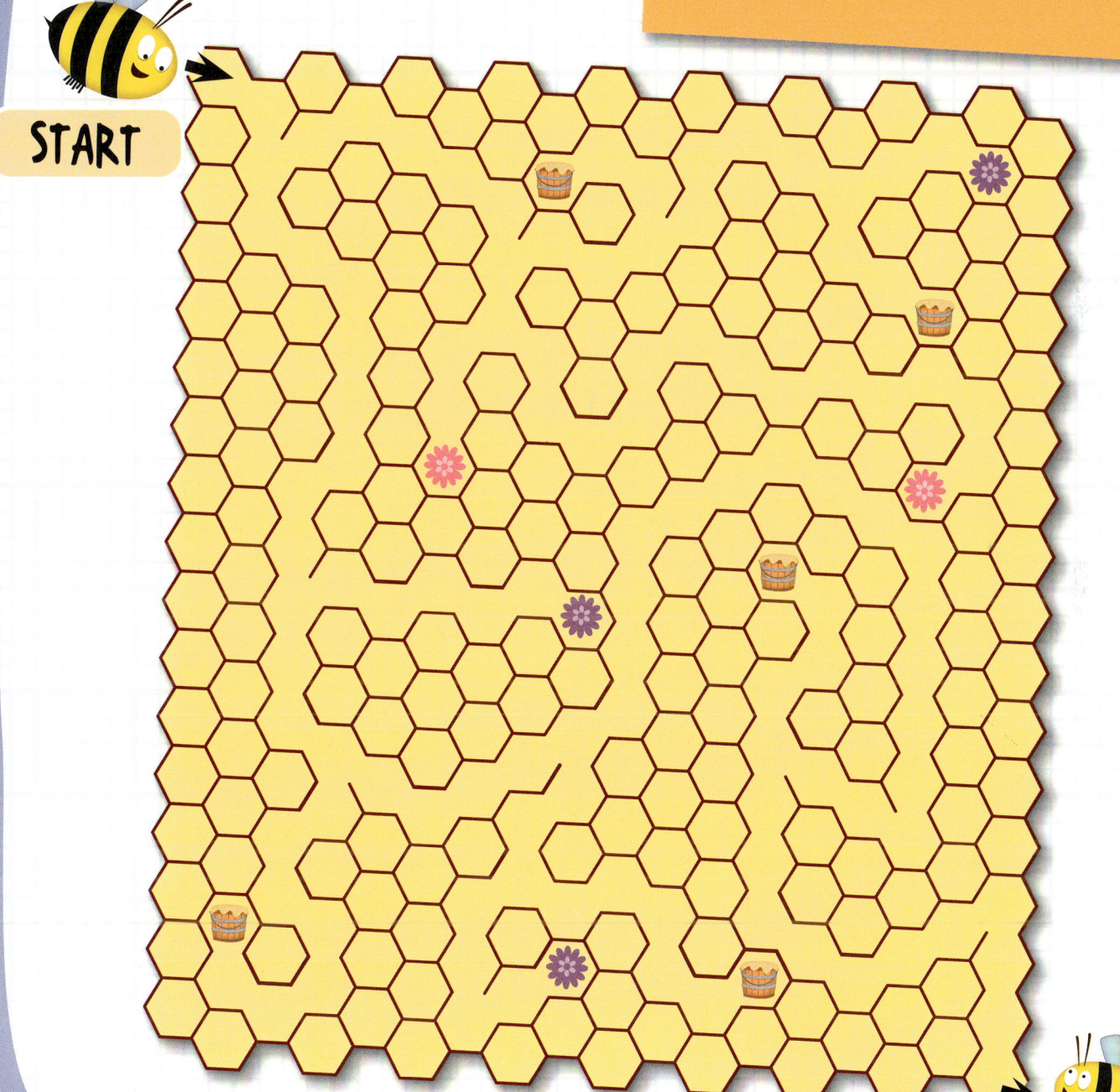

START

ZIEL

Pablos bunte Formen

Wie viele einfarbige Rechtecke hat Pablo gemalt? Und wie viele einfarbige Dreiecke?

Welcher Dino in jeder Reihe passt nicht zu den anderen?

1
a   b   c   d

2
a   b   c   d

3
a   b   c   d

4
a   b   c   d

5
a   b   c   d

Henny und Hanna

Hexe Henny hat eine Zwillingsschwester, Hanna. Sie sehen genau gleich aus bis auf wenige Details. Findest du die drei Unterschiede zwischen den Spuk-Schwestern?

Bau einen Schneemann!

Bau einen Schneemann, indem du die Bilder
in die richtige Reihenfolge bringst.

Trage die Bildnummern in
die richtigen Kästchen ein,
damit das Puzzle stimmt.

Führ Pepe zu seinem Freund. Halte auf dem Weg die oben gezeigte Flocken-Reihenfolge ein. Du kannst dich seitwärts, nach oben und unten, aber nicht diagonal bewegen.

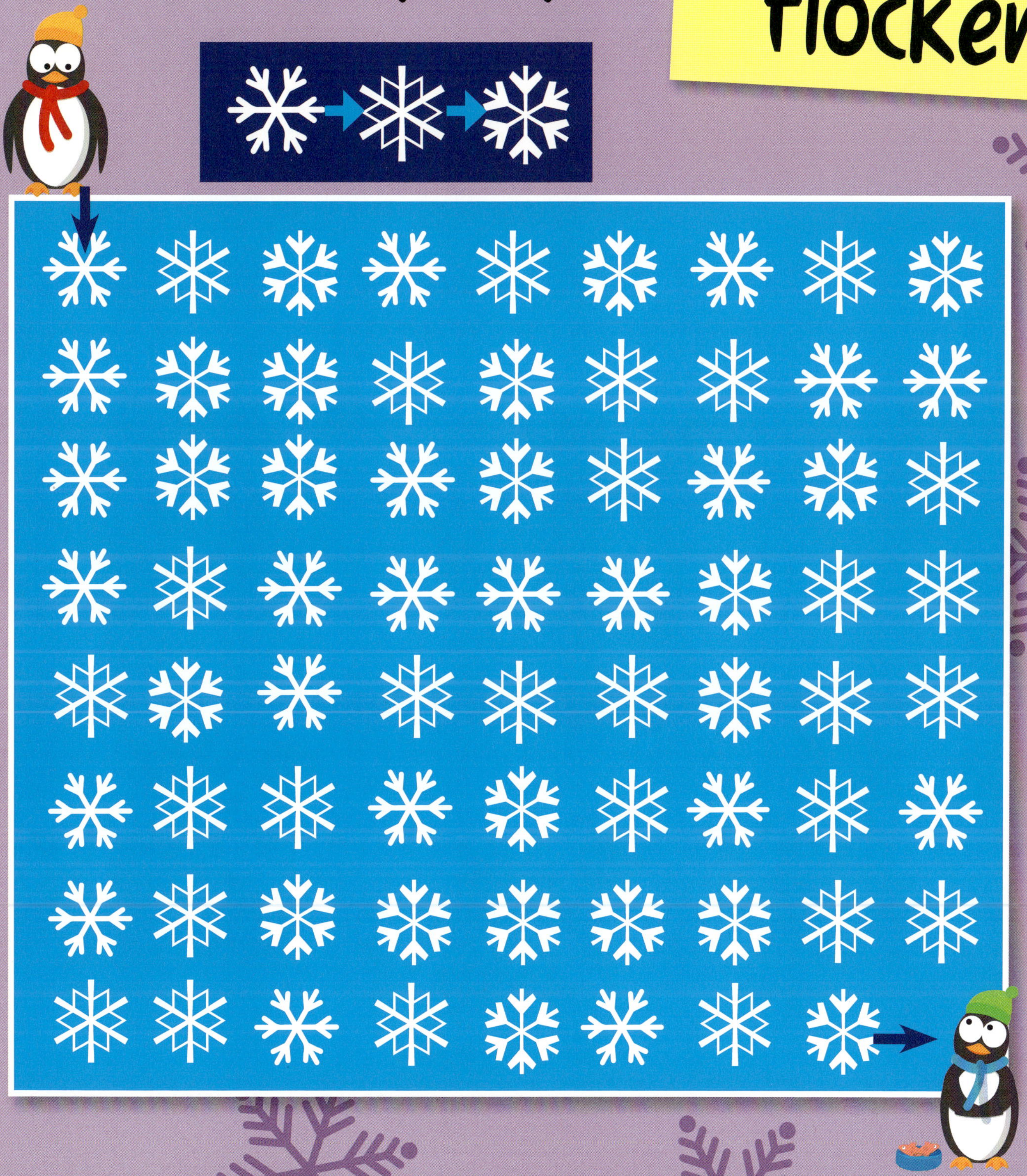

Obstsalat

Findest du die schlecht gelaunte Frucht?

68

Marsch-Mäuse

Die Marsch-Mäuse halten eine Parade ab. Findest du den Affen unter ihnen?

Falsch oder echt?

Pablo versieht seine Bilder mit einem geheimen Zeichen. So erkennen Sammler den echten Picatto.

1

2

3

4

5

6

7 **8** **9** **10** **11**

Jedes von Pablos Bildern hat irgendwo
einen kleinen blauen Punkt.
Welche der Bilder sind echt?

In Timos Zimmer

Timo hat den ganzen Nachmittag in seinem Zimmer gespielt.

Welche drei Dinge fehlen im unteren Bild und welche drei sind neu hinzugekommen?

Hunde und Katzen

Findest du zwei Katzen und zwei Hunde, die einander aufs Haar gleichen?

Lösungen

4. Ebbe und Flut

Die Krabbe unten links ist auf dem unteren Bild weggeschwemmt.

5. Dino-Schatten

1C, 2E, 3D, 4F, 5K, 6J

6. Manege frei!

7. Schuhsuche

Der Fußballschuh fehlt.

8. Stau in der Stadt

Das rote Auto mit dem roten Stern befindet sich ganz rechts in der ersten Reihe.

9. Monster gesucht

Monster D (grüner statt gelber Ballon)

10. Welche Hexe ist es?

Spiegelbild C

11. Von Scholle zu Scholle

12. Fleißige Bienchen

14. (Oben) Kunstgemälde – Merktest

1. Nein, Pablos Hut ist braun.
2. Er malt nachts.
3. Es sind vier Mäuse zu sehen.
4. Pablo isst Fischkekse mit Milch.
5. Nein, der gelbe Farbeimer ist umgekippt.
6. Fische.

14. (Unten) Mini-Mäuse-Rätsel

Maus C

15. Brain Booster 3000

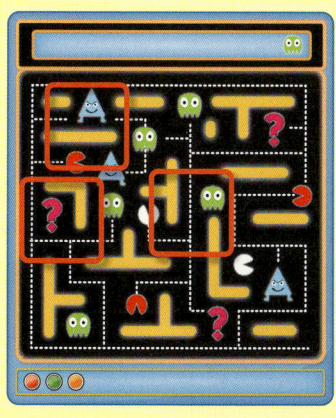

16. Gute Nacht, Tiere!

Das Schwein schläft bei den Schafen.
Das Schaf schläft bei den Pferden.
Das Huhn schläft bei den Kaninchen.

17. Pia oder Mia?

18. Lasst die Drachen steigen!

1. Niklas, 2. Johanna, 3. Sofie, 4. Leon

19. Völlig losgelöst

C

20. Segel setzen

21. Was braut sich da zusammen?

F, E, D, C, A, B

22. Rockender Rex

E

23. Vögel beobachten

Der große rote Vogel unten rechts fehlt.

24. Kostüm-Kiste

Arzt: A + G + O
Superheld: B + L + N
Ritter: E + Q + C
Prinzessin: I + K + P
Dinosaurier: J + H + R
Pirat: M + F + D

25. Hexe Hennys Spinnen

Es gibt 28 Spinnen und es sind insgesamt 224 Beine!

26. Alien allein zu Haus

Der Alien mit dem Buchstaben H hat keinen Zwilling.

27. Cupcake-Sudoku

28. Max' Spielzeugladen

30. Eine tolle Vorstellung!

31. Schnelle Schatten

A+N, F+B, K+J, M+D, E+I, G+C, L+H

32. Auf der Piste

34. Auf in den Dschungel!

Hendrik (links) fehlt ein Walkie-Talkie.

35. Karl die Krabbe

36. Roboter-Reparatur

40. Monster-Trucks

38. (Oben) Im Kino – Merktest

1. Leon und Johanna essen Popcorn.
2. Sofie isst einen Hotdog.
3. Niklas braucht zum Filmegucken eine Brille.
4. Sechs Kinder haben eine Alien-Puppe.
5. Niklas' Alien ist orange.
6. Der Junge in der hintersten Reihe rechts ist eingeschlafen.

38. (Unten) Falscher Alien

Alien 3 (siehe T-Shirt) passt nicht zu den anderen.

39. Drunter und drüber

41. Spaziergang im All

A: Oleg, B: Susi, C: Barnie

42. Einhorn auf dem Einrad

E

43. Volle Fahrt voraus!

1. Sieben Piraten sind in der Mannschaft (sechs an Bord und einer im Wasser).
2. Zwei Schatzkisten sind an Bord.
3. Sieben Schiffsmäuse sind zu sehen.
4. Vier Haiflossen sind im Wasser zu entdecken.
5. Drei Fangarme sind zu sehen.

77

44. Dinosaurier-Puzzle

B ist das fehlende Puzzleteil.

45. Ein unvergesslicher Abend

Die richtige Reihenfolge ist: F, B, C, E, D, A

46. Bunte Schlangen

Die kürzeste ist die grün-gelbe Schlange, die längste ist die blau-orangene.

47. Finde die Früchte!

48. Qualitätskontrolle

1D, 2C, 3E, 4A, 5E

49. Guten Morgen, Tiere!

Ausschnitt B

50. Pinguin-Paare

51. Schuldisko

Sofie A, Johanna C, Leon F, Niklas H

52. Picknick-Rätsel

Auf Platte C fehlen ein paar Weintrauben.

53. Tiere sortieren

A. 1. Clownfisch, 2. Kugelfisch, 3. Weißer Hai, 4. Blauwal

B. 1. Pinguin, 2. Affe, 3. Löwe, 4. Elefant

C. 1. Huhn, 2. Hund, 3. Schwein, 4. Kuh

D. 1. Goldfisch, 2. Hamster, 3. Meerschweinchen, 4. Katze

54. Vor dem Konzert

1D, 2D, 3B, 4A, 5E

55. Summendes Sudoku

56. Halloween-Party

58. Zug um Zug

59. Alien-Schatten
1D, 2A, 3B, 4E, 5C

60. Wörterdetektiv
a: Käfer
b: Honigbiene
c: Grashüpfer

61. Im Bienenstock

62. Pablos bunte Formen
13 Rechtecke und 9 Dreiecke

63. Der falsche Dino
1C, 2B, 3A, 4C, 5D

64. Gassi gehen
Trixie gehört Leon, Lucky gehört Sofie, Bello gehört Johanna und Bruno gehört Niklas.

65. Henny und Hanna

66. Bau einen Schneemann!

67. Schneeflocken

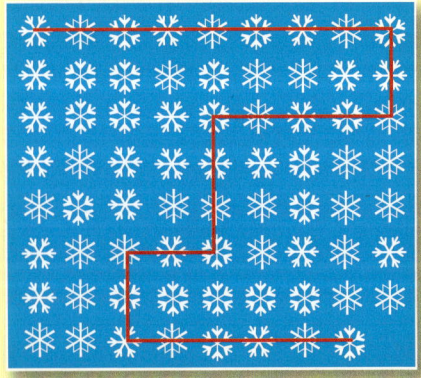

68. Obstsalat

Korb F enthält eine schlecht gelaunte Banane.

69. Marsch-Mäuse

70. Falsch oder echt?

Die echten Picatto-Bilder sind:
2, 5, 8, 9, 10 und 11

72. In Timos Zimmer

Diese Dinge sind nicht mehr am alten Platz:
die blonde Puppe, der Schlagball, die Stoffflagge
Diese Dinge sind neu: Der 8er-Ball,
die Cupcakefigur, die Kuh

73. Hunde und Katzen

Katzen I+K, Hunde C+L